Atemlose Liebe

KANAN MINAMI

3

CHARAKTERE

YUKA MAKINO

ist im ersten Highschool-Jahr und möchte unbedingt einen Freund. Sie ist positiv und gibt immer ihr Bestes.

geht auf dieselbe Schule wie Yuka. Er ist ziemlich unfreundlich, aber eigentlich ein lieber Kerl.

KENTARO NANASE

WAS BISHER GESCHAH

Auf ihrem allerersten Gruppen-Blind-Date verguckt Yuka sich in Kentaro. Nach den Sommerferien begegnet sie ihm bei der Schülerratswahl wieder, bei der er ebenfalls als Kandidat antritt. Beide werden zu Sekretären gewählt. Während der Vorbereitungen zum Schulfest gesteht Yuka Kentaro ihre Liebe. Kentaro ist zunächst unschlüssig, doch dann küsst er Yuka. Als wenig später Kentaros Freunde Suzuha und Yu in der Schule auftauchen, gerät Kentaro völlig aus der Fassung und läuft davon. Am nächsten Morgen erkennt er weder Yuka noch die anderen Mitglieder des Schülerrats wieder. Alle Namen und Gesichter sind aus seinem Gedächtnis gelöscht. Von Suzuha und Yu erfährt Yuka, dass Kentaro nach dem Tod seines Vaters das Baseballspielen aufgeben musste, dass Suzuha und Yu sich zueinander hingezogen fühlten und dass Kentaro so auf einen Schlag seine Freundin und seinen besten Freund verlor … Dies sei der Auslöser für seinen Gedächtnisverlust gewesen. Yuka beschließt zunächst, Kentaro aufzugeben, doch sie erkennt, dass sie ihn immer noch zu sehr liebt. Kujirai, der Präsident des Schülerrats, fragt Kentaro derweil, ob er Yuka weiterhin ganz allein für ihre Liebe kämpfen lassen will …

Atemlose Liebe

KANAN MINAMI

3

INHALT

KAPITEL 12

Einst war mein Leben reich an Dingen und Menschen, die ich liebte.

Kapitel 12. Dieses Kapitel erzählt Kentaros Seite der Geschichte, die mich überhaupt erst dazu bewogen hat, *Atemlose Liebe* zu zeichnen. Ich habe gar nicht damit gerechnet, diese Episode schon so früh einbauen zu können, und sie war im Handumdrehen gezeichnet. Mir war sehr wichtig, dass Kentaros Vergangenheit in der Story nicht zu kurz kommt, also habe ich ihr ein ganzes Kapitel gewidmet, um ausführlich darzustellen, wie es dazu kommen konnte, dass er immer wieder sein Gedächtnis verliert. Später habe ich von vielen Leuten in meinem Umfeld erfahren, dass sie ebenfalls Bekannte hätten, die schon einmal an Gedächtnisverlust gelitten haben. Auch ich kenne eine Person. Damals war ich ungefähr in meinem vierten Jahr an der Uni. Es kann wirklich jedem passieren und ist für mich ein sehr persönliches Thema.

Diese Kolumnen enthalten Spoiler, lest sie also besser erst hinterher! ✿

Doch ...

... im dritten Jahr der Mittelschule* ...

... zersprang dieses Leben mit einem Anruf in tausend Scherben.

*entspricht der 9. Klasse

Dieser erste Riss in meiner heilen Welt ...

... zog eine ganze Kette von Ereignissen nach sich.

Von einem Augenblick auf den nächsten ...
Kentaro ...!
Ich habe heute auch
wi der Nachtschicht
B kauf dir selbst
e as zu essen.
... war alles verloren.

Wie ...

... konnte es nur so weit kommen ...?

Weil Suzuha ... und Yu mich betrogen haben?

Nein ... So gemein, wie ich zu ihr war, hab ich mir das selbst zuzuschreiben ...

Und Yu hat die ganze Zeit aus Rücksicht auf mich seine Gefühle unterdrückt ...

Dann bin ich also der Schuldige?

Aber auch ich habe alles geopfert ...

... was ich liebte, und jeden Tag verbissen gekämpft ...!

Mich trifft genauso wenig irgendeine Schuld ...!

Aaah!
Das Foto deines Vaters ...!
Zerbrochen ... wieso?
Ken, wie ist das passi...
Der alte Sack kotzt mich an ...
Was ...?
Wenn er noch leben würde ...
... müssten du und ich das jetzt nicht durchmachen ...
Genau ...
Ich weiß, wer Schuld hat ...!

Das kommt alles nur davon ...
... weil er gestorben ist!!
Ken ...
Das stimmt nicht!
Ich bin die Schuldige.
Wenn ich mehr Geld verdienen würde ...
... hättest du nicht mit dem Baseball aufhören müssen.
Und dann würdest du ...
... nicht so über deinen geliebten Vater sprechen ...

Es tut mir so leid ...
Warum ...
Warum entschul-digst du dich?!
Du kannst doch erst recht nichts dafür!!
Schuld hat ja wohl ...!
Ach, richtig.
...!
Niemand ist schuld.
Deshalb fehlt mir das Ventil für mei-nen Zorn.
Im Grunde ist mir das klar, aber es tut so weh! Ich kann nichts dagegen tun ...
Alles, was ich erreiche, ist es, die Menschen zu verletzen, die ich liebe.

Kentaro ...!
RUMMS
Ich bin nutzlos und erbärmlich! Ich hasse mich, ich hasse mich, ich hasse mich!
Kann mich nicht irgendwer auf der Stelle verschwinden lassen ...?!

KLACK
Hah ...
Huch!
Ken ...?!
Guten Morgen. Lange Nacht-schicht?
G... Guten Morgen ... Willst du heute wirk-lich wieder zur Schu-le ...?
Also ...
übernimm dich nicht und nimm dir frei, so lange du magst.
Hä? Was meinst du?
Wieso sollte ich mich über-nehmen?
Bis später.
KLACK
Ken ...?
Hey! Du hast ja lange gefehlt!
War wohl 'ne ziem-lich heftige Erkältung.
Geht's dir wieder gut?

Wer seid ihr noch mal?

Außer meiner Mutter ...

... erkannte ich niemanden wieder.

Doch ...

... seltsamerweise ...

... war ich total gelassen.

Egal, wie oft ich mir alles neu einprägte ...

... beim kleinsten Anlass vergaß ich es wieder.

Ich begann, andere zu meiden.
Vielleicht bleibe ich einfach mein ganzes Leben lang allein ...
Wenn man nur auf sich selbst gestellt ist ...
Darf ich mich zu dir setzen, Nanase?
Oh ...
... kann man auch niemanden verlieren.
Äh ... Sie sitzen sonst im Büro, oder ...?
Sorry, ich kenn Sie nicht ...
Ich bin dein Klassenlehrer, Herr Fukamachi!
Wir sehen uns jeden Tag.

Sag mal, Nanase ... Wie wär's, wenn du mal Tagebuch führst?
Hä ...?
Soll ich etwa mit meinem Lehrer Tagebücher austauschen ...?!
Ist ja abartig!
Wer redet denn von austauschen?!
Wenn du aufschreibst, was du jeden Tag erlebst ...
... kannst du dich später beim Lesen vielleicht wieder daran erinnern.
Oder du machst Fotos, ganz egal.
Mich ...
... stört mein Zustand aber nicht ...
Wenn ich allein bin, ist es doch egal, woran ich mich erinnere und woran nicht ...
PACK
Nein, Nanase!
Menschen können nicht ...
... völlig isoliert leben!

Manchmal verletzen einen andere Menschen ...
... aber ...
... oft sind sie auch diejenigen, die einem wieder auf die Beine helfen.
Mach ab heute einfach ...
... jedes Mal ein Foto, wenn etwas sein sollte. Von Personen, Landschaften, was du magst ...
Okay?
Fang doch einfach direkt mit mir an, nachdem ich dir diesen Rat gegeb...
KLICK
Hey ... Ich hab mich extra in Pose geworfen ...!
Tut mir leid.
Aber Menschen allein ...
... werden meiner Erinnerung nicht wirklich auf die Sprünge helfen.

Deshalb werde ich, wenn ich etwas nicht vergessen will ...
... ein Foto der Umgebung machen, die ich in dem Moment sehe.
Oh! Der Kondensstreifen ist aber besonders schön.
Ja ... kann sein ...
Hä?
Hast du nicht gerade ein Foto davon gemacht?
Äh ... Sorry, wer bist du noch mal?
Ishii, aus deiner Klasse!
Ha ha
Na ja, was soll's.
Irgendwie mag ich deine vergessliche Art.
KNIPS
Übrigens ...
Ich hab wieder einen kleinen Auftrag für dich.

Meinetwegen, ich mach jeden Job.
Nanase, du rockst! ☆
Egal, was ich anderen antat, ich vergaß es wieder.
Deshalb machte es mir auch nichts aus, Menschen für Geld zu verletzen.
An jenem Tag war es genauso.
Oh ...
Das Mädel passt so offensichtlich nicht dazu ...
Kein Wunder, dass die andern sie loswerden wollen.
Hier.

Wenn sie Goldfische mag, soll sie einfach welche fangen.
So schinde ich Zeit, während ich sie von der Gruppe fernhalte.
Damit ist mein Job erledigt, und ich hab easy 2000* Yen verdient.
Das war jedenfalls der Plan ...
Häh?!
Das soll ein Goldfisch sein?!
Wenn man sie gut pflegt, haben Goldfische eine sehr hohe Lebenserwartung!
Ich war so baff ...
... dass ich wie ein Idiot mit offenem Mund dastand ...
... und glücklich war ...
... dass ich noch immer zu einem Gefühl wie aufrichtiger Überraschung fähig war.
Oh ...
Bisher habe ich sie noch gar nicht richtig angesehen ...

*ca. 16 Euro

Schon seit Monaten hatte ich ...
... nieman-dem mehr direkt ins Gesicht gesehen ...
... weil ich es ohne-hin wieder vergessen würde.
Wow.
Wie kann man so viel über Goldfische reden?
Echt witzig ...
Und ganz offen sagen, dass man sie liebt ...
Echt ...
... toll ...
KNIPS
Oh, Na-nase! Wie immer um diese Uhr-zeit noch fleißig?
Weil Sie mich in den Schülerrat gesteckt haben, bleibt keine Zeit zum Jobben ...
... und ich muss von der Hand in den Mund leben ...
Ha ha.
Oje, du Armer.

Aber immerhin scheinst du Spaß zu haben.

In letzter Zeit blickst du mir sogar ins Gesicht, wenn wir reden.

Genau.

Das ist es, was mich so verwirrt.

Die Welt um mich herum war immer trist ...

... doch neuerdings erstrahlt sie so hell und farbenfroh ...

... dass ich mich wie geblendet fühle.

Ich komme nicht dagegen an, dir näher sein zu wollen.

Du fühlst dich so warm an, Makino ...
Was ...?! Wirklich ...?!
Ja.
Die Ablehnung, mit der ich anderen begegnet war, hatte mein Herz gefrieren lassen.
Siehst du ...? Du bist ganz warm.
Doch die Wärme, die du ausstrahlst, taut es langsam wieder auf.

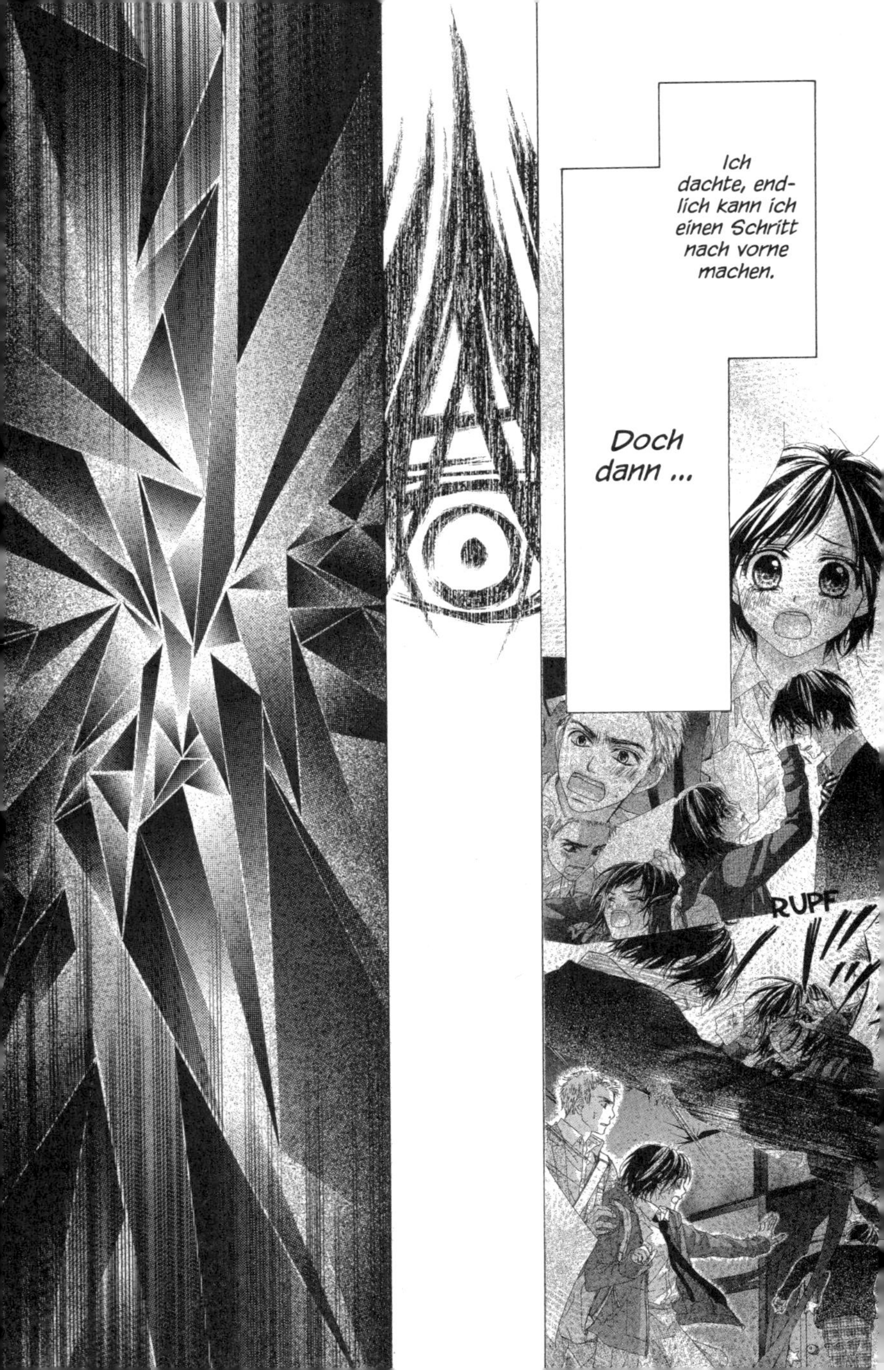
Ich dachte, endlich kann ich einen Schritt nach vorne machen.
Doch dann ...
RUPF

Mein Handy ist abge- soffen.

Und damit auch meine Gedächtnis- stütze.

Es tut mir leid.

Auch wenn du mich noch so traurig an- guckst, meine Erinnerungen sind fort.

... also muss ich dir jetzt kurz wehtun. Verzeih mir.

Ich hoffe, dass du mir nicht noch mal über den Weg läufst.

Hass mich ruhig.

Aber sei nicht mehr traurig.

Wie bringst du es fertig ...

... mich trotz dieser Worte ...

... so glücklich anzulächeln?

Wenn du weiter bei mir bleibst ...

... werde ich dich eines Tages garantiert wieder verletzen.

FAPP

Wie kann das sein?!

POCH

POCH

POCH

POCH

Ich konnte ihn werfen ...!

POCH

Es gab eine Phase, in der ich immer wieder ...

... mit dem Baseball geübt habe, der erst ab der Highschool zum Einsatz kommt.

Es war völlig sinnlos, weiterzutrainieren.

Aber ich konnte Baseball einfach nicht aufgeben.

Dass ich jetzt auf der Highschool auf dem Spielfeld stehe ...
... und den Ball werfen darf ...
... verdanke ich alles nur dir.

Weil ich mit diesem Ball nur schmerzvolle Erinnerungen verknüpfte ...

... hatte ich ihn lange Zeit in die hinterste Ecke verbannt.

Aber inzwischen geht es ...

Ich nehme ihn heute mit ...

... und spiele mit Makino ... Catchball.

Makino und ich gemeinsam im Schülerrat ...

Guten Morgen! Wir vom Schülerrat ...

Wir bereiten zusammen Events vor und albern nebenbei herum ...

Ich hatte gehofft ...

... es könnte ewig so weitergehen. Doch dann ...

Ich hab gehört, dass in Makinons Schuhfach auch eine Karte war!
Von wem außer dir kann die wohl sein ...?
Warum sagt er mir das?
Was soll sie mit einer Liebeserklärung von jemandem, der vielleicht wieder sein Gedächtnis verliert?
Falls sie mit einem anderen zusammenkommt ...
... würde ich vermutlich sogar das vergessen.
Warum lasse ich den Dingen nicht einfach ihren Lauf und tu einfach gar n...
Nein! Auf keinen Fall!
Das wär ja noch schöner ...!

Die ganze Zeit über hatte ich irgendwie geahnt ...
... warum ich immer wieder das Gedächt-nis verlor.
Ich habe Menschen verletzt, die mir wichtig waren ...
... und wurde von Menschen verletzt, die mir etwas bedeuteten.
Doch statt diese Last auf mich zu nehmen ...
... war es leichter für mich, einfach alles zu ver-gessen.
Ich hatte mich die gan-ze Zeit ...
... gewehrt, mich zu erinnern.

Yu ...
Suzuha ...
Sorry, dass ich euch so spontan herbestellt hab ...
Es war bestimmt schwierig, das Training zu schwänzen.
Mach dir darüber keine Ge- danken ...!
Danke, dass du angerufen hast.
Kentaro ...! Wir haben so darauf gehofft ...!
POCH
Mir ist ganz schwindlig vor lauter Herzra- sen ...!
POCH
Echt erbärmlich ...
POCH

Aber ich werde nicht mehr davonlaufen.
Ich werde mich allem stellen und nach vorne schauen.
Damit ich dich nie wieder vergesse!

Willkommen! Hallo! Ich bin's, Kanan Minami! Acht Monate nach Band 2 steht nun endlich auch Band 3 in den Läden! Eigentlich arbeite ich in letzter Zeit wie eine Verrückte ... Allerdings nicht an *Atemlose Liebe*, weshalb es so lange dauert, bis ich genügend Seiten für einen Band zusammenhabe ... Dieses Mal hatte ich nicht mal eine Farbillustration für das Back Cover. (*Gequält lächel*) Ich habe daraufhin seit Langem mal wieder in irgendeinem Center auf die Schnelle noch ein Bild gezeichnet. Kirschen und Pastellfarben. Ich bin froh, dass das Ergebnis so süß geworden ist. Außerdem habe ich für *Atemlose Liebe* bisher immer Coverillustrationen mit Blasen gezeichnet, was mir ein wenig zum Hals raushä... *hust* ... Deshalb habe ich dieses Mal Kristalle als Motiv gewählt. Gläserne Kristalle. Die waren ziemlich schwierig, weshalb die Qualität etwas ... zu wünschen übrig lässt, aber zumindest ist es mal ein bisschen was anderes. Das Bild zeigt Yuka und Kentaro auf der Treppe in Kapitel 14 ... Die Stimmung in der Szene war so schön romantisch ... Bis dann! Ich hoffe, ihr habt viel Spaß mit Band 3!!

KAPITEL 13
Awakoi

Kapitel 13. Auf den Trikots, welche die vier auf der Titelseite dieses Kapitels tragen, steht »Awakoi«*. (*Lach*) Das Pünktchenmuster repräsentiert die Blasen** im Teamnamen. Und schaut euch an, wie toll die Luftballons geworden sind, die meine Assistentin gezeichnet hat!

Jedenfalls, als ich im vierten Jahr an der Uni zufällig einen Freund wiedertraf, den ich lange nicht gesehen hatte, hatte dieser eine Sofortbildkamera dabei (damals gab es noch keine Digital- oder Handykameras).

Ich war überrascht, als er aus heiterem Himmel ein Foto von mir machte. Daraufhin antwortete er: »Ohne Fotos kann ich mir nichts merken und vergesse, mit wem ich gesprochen habe.« An den Schock, den ich damals empfand, kann ich mich immer noch gut erinnern. Zwar habe ich mit diesem Freund mittlerweile keinen Kontakt mehr, aber ich habe immer gehofft, dieses Erlebnis eines Tages in ein Werk einbauen zu können.

*jap. Titel: »Awa-koi« **»Awa« bedeutet »Schaum« oder »Blasen«.

Den Anfang macht Fräulein Koike aus der 3-8!

Würde ihr Verehrer bitte zu ihr auf die Bühne kommen?

PFEIF

Was?! Du?! Spinnst du?!

W... Warum denn nicht?!

KLATSCH

KLATSCH

KLATSCH

KLATSCH

Oho! Mit diesem Verehrer hat die Kandidatin wohl nicht gerechnet!

Na gut ... Von mir aus.

Hier.

Echt?! Ist das ein »Ja«?!

Aber sie gibt ihm die Karte! Die Liebeserklärung war erfolgreich!!

Damit haben wir unser erstes Pärchen!!

Wenn sich ein Paar gefunden hat, kann es direkt den Pärchenweg zum Bahnhof nehmen. Und immer schön Händchen halten! ♡

Applaus bitte!!

Glückwunsch!

KLATSCH

KLATSCH

KLATSCH

Durchfahrt verboten

Ich werde in meinem Leben bestimmt nie eine öffentliche Liebeserklärung bekommen ...

Jaa!

KLATSCH

KLATSCH

Ob ... die von Nanase ist ...?
Wohl kaum ...
POCH
POCH
Hab ich zumindest gedacht ...
ZITTER
ZITTER
ZITTER
Aber dann lag in meinem Schuhfach auch eine Karte ...!!
Hm ...?
Apropos ...
Präsident Kujirai! Nanase ist gar nicht hier ... Weißt du, wo er steckt?
Ja, er meinte, er hätte irgendwas sehr Dringendes ...
... an seiner ehemaligen Mittelschule zu erledigen.
Oh, ach so.
...
An seiner Mittelschule?!
Keine Sorge. Du bist erst ganz zum Schluss dran, Makinon.
Bis dahin ist er sicher zurück!

Warum will er sich mit den beiden treffen ...?
POCH
POCH
Er wird bestimmt wieder ...
... alles vergessen, genau wie neulich.
BAMM
Dann fangen wir wieder bei null an ...
... und alles geht von vorn los.
Entschuldige mich! Ich muss zu Nanase ...!
Wenn ich bei ihm bin, verliert er sein Gedächtnis vielleicht nicht!
Ha ha!
Du bleibst schön hier! Sonst haben wir zu wenig Helfer!
PACK
Aber ...! Aber ...!
Hör mal ...
Nanase sagt, er will unbedingt einen Schritt nach vorn machen.

Und dafür muss er mit seinen Freunden sprechen.
Ich denke, er weiß selbst am besten ...
... was mit ihm geschieht, wenn er die beiden trifft.
Ich kann verstehen, dass du Angst hast, wieder vergessen zu werden, Makinon.
Aber lass ihn dieses Mal die Sache selbst in die Hand nehmen, okay ...?
...!
Selbst wenn er wieder sein Gedächt-nis verliert, gibt's jetzt Fotos von euch bei-den ...
Mit denen erinnert er sich ruck, zuck wied...
PATSCH
ぱん
PATSCH
ぱん
Makinon ...?!
Nein, ich brau-che keine Fotos!!

Egal, wie oft er sein Gedächtnis verliert ...
... Nanase ist und bleibt Nanase ...!
Ich bin so eine Heuchlerin.
Erst tue ich so, als würde ich damit klarkommen, wieder vergessen zu werden ...
... und dann reagiere ich wie ein aufgescheuchtes Huhn, obwohl ich es nicht verhindern kann.
Tut mir leid, keiner von euch!
SCHOCK
Oje, da haben gleich beide Verehrer einen Korb bekommen!
KLIMPER
KLIMPER
KLIMPER
KLIMPER
Unser Rentier bringt sie zur Sporthalle ...
... wo später die Party der einsamen Herzen steigt!
Sicher werde ich auch beim nächsten Gedächtnisverlust unglaublich geschockt sein.

Aber ich gebe trotzdem nicht noch mal auf!
Auch wenn etwas dauert, werde ich mich schon wieder aufrappeln.
Der nächste Verehrer bitte!
Viel Glück!
Denn ich liebe Nanase, egal, was geschieht!

Ken ...! Danke für deinen Anruf ...!
Wir dachten schon, wir würden dich nie wieder-sehen ...!
Es tut uns leid, dass wir neu-lich einfach so an deiner Schule auf-getau...
Bitte verzeiht mir!!
Was ...?!
Nach ... dem Tod meines Vaters ...
... ver-lor ich nach und nach alles, was früher für mich selbstver-ständlich war.
Ich hielt mich für den unglücklichs-ten Menschen der Welt ...

Anscheinend ... war ich dumm genug zu denken ...
... dass jetzt alle nett zu mir sein müssten ...
... weil ich ja so furchtbar viel Pech hatte!
An dir hab ich das am meisten ausgelassen, Suzuha.
Obwohl du meine Freundin warst, hab ich dich so oft verletzt ...
Deshalb hast du bei Yu Trost gesucht, richtig ...?
Kein Wunder, dass du es nicht mehr ausgehalten hast.
Dich trifft überhaupt keine Schuld.
Kentaro ...!
Und ...
... was dich angeht, Yu ...

DOMM
Ich hab dich immer ...
... für meinen besten Freund gehalten ...!
Aber ... ich bin nie auf die Idee gekommen ...
... dass du die ganze Zeit in Suzuha verliebt warst ...
...!
Als mir klar wurde, wie sehr dich mein unsensibles Verhalten verletzt haben muss ...
... konnte ich mir das nicht verzeihen! Es hat mir so zu schaffen gemacht ... Ich hielt es nicht aus ...!
Deshalb bin ich dir bis heute aus dem Weg gegangen ...!

Und wie ... sieht's bei euch aus ...?
Seid ihr jetzt zusammen ...?
Als ob wir dir das hätten antun können!
Ja ... natürlich ...
Genau das hab ich mir gedacht ...!
REIB
Es tut mir wirklich leid! Meinetwegen ... musstet ihr so lange ...
Du bist so was von egoistisch!
Hör auf, so zu reden!
Denkst du, du kannst dich hier als Einziger entschuldigen?!
Du verdammter Idiot ...!!
Was ...?

Wir sollen unschuldig sein ...?!
So ein Quatsch!
Wir haben uns hinter deinem Rücken getroffen. Das war einfach das Letzte! Der Grund dafür ist doch völlig egal!
Und dir im Nachhinein zu sagen, dass ich auch in Suzuha verliebt war ...!
Dabei wusste ich, wie dreckig es dir ging, und ich hab noch einen oben draufgesetzt!
Dabei ... warst du mein bester Freund ...!
Sorry ...
Tut mir leid ...
... aber ich wollte mich schon die ganze Zeit bei dir entschuldigen.

Kentaro ...
Hier ...
Das ...
... wollte ich dir doch ...
Das hattest du damals dabei ...
... als
u zu mir
mst, um
h zu ent-
huldigen,
oder?
Ken-taro ...!
Darf ich dir heute sagen ...
... was ich dir damals nicht sagen konnte ...?
REIB
Hm ...
Es tut mir leid!

Aber ich bin ... jetzt in Yu verliebt ...
Deshalb kann ich es nicht annehmen.
Vielen Dank für alles ...!
Ja ... Verstehe.
Ich danke dir auch, Suzuha ...

Präsident Kujirai!
Ich liebe dich!
Bitte geh mit mir!!

Tut mir leid ... Aber als Präsident des Schülerrats ...
... gehört mein Herz **allen** Schülern der Takimiya-Highschool.
Deshalb kann ich mich unmöglich für eine von euch entscheiden ...!
Ich liebe euch alle! ♡
KÜSSCHEN
Kyaaah!
Was zum ...
Nanase ... ist noch nicht zurück ...
Dann war die Karte also nicht von ihm ...
Was hab ich denn erwartet? Wie peinlich ...
Und damit kommen wir zur letzten Liebeserklärung!
Makinon, komm bitte auf die Bühne!
POCH
Aber ... wer käme denn sonst infrage ...?
POCH
POCH

Aber ...

... meine Antwort steht fest.

Wie bitte ...?!
Jetzt bild dir mal nichts ein!
Ich wollte über dich nur an Ririko rankommen!
Ich bin weder in dich verliebt noch sonst irgendwas!
?!
RAUN
Na ja, stimmt schon. Ririko konnte sich heute vor Verehrern kaum retten ...
Ich liebe dich!! Bitte geh mit mir!
Ich kann mich gar nicht entscheiden ...
Da hat man ...
... als Freund einer ihrer Freundinnen vielleicht bessere Chancen, bei ihr zu landen ...
Da bin ich wohl die falsche Wahl ...
Wir sind gar nicht mehr so gut befreundet ...
Was?! Verarsch mich nicht!
Was sollte dann dieses Freundschaftsgelaber bei der Schülerratswahl?!
RUPF
Und überhaupt ...!

RITSCH
Hilfe!
Du spielst überhaupt nicht in meiner Liga!!
Und dafür stehe ich mir hier bis zum Schluss die Beine in den Bauch!
Alter, ich könnt kotzen!
E... Entschuldige bitte ...

Nanase ...!
BUFF
Du bist wieder da ...
Dann hast du dein Gedächtnis nicht ver-lor...?
Wer bist du denn?!
KRAMPF

Will-kommen zurück, Nanase.
Wir sind beide Se-kretäre im Schüler-rat.
Nicht weinen!
Ich war doch darauf vorbe-reitet!
Rempel mich nicht an, Tussi!
Tss!
Hey, du Lackaffe ...
Was hast du ...
... ge-rade zu Makino gesagt ...?!
PACK

»Makino«!

Du bist hier ja wohl derjenige, der in der aller-untersten Liga spielt ...!!

Tut mir leid ...!

J... Jawohl ...!

Waah!

Ab mit dir in den Karren der Abgelehnten!

WUPP

KLIMPER

KLIMPER

KLIMPER

Das war die letzte Liebeserklärung!

Alle, die heute zu schüchtern waren, dürfen auch gern zur Party kommen! Lasst uns feiern!

Jaaa!

Der Typ ist echt asozial ...

Nimm dir das bloß nicht zu Herzen, Makino ...

Maki... !
Makino ...!
Du ... hast mich »Makino« ge...!

Ich weiß noch alles …
… Makino.

Ich dachte, wenn ich alle schmerzhaften Erinnerungen vergessen würde ...
... dann wäre das so, als hätte ich sie nie erlebt.
Meine Amnesie war wie mein Rettungsanker.
Es war egal, was andere von mir dachten ...
Aber jetzt gibt es etwas, das ich nicht vergessen will.
Mir ist klar geworden, dass ich so nicht mehr weitermachen kann.
Auch wenn es hart wird und ich mich selbst kaum ertrage ...
... darf ich mich nicht länger ins Vergessen flüchten ...
... sondern muss mich meiner Vergangenheit stellen ...

Darum habe ich mich mit Yu und Suzuha getroffen ...
... und alles gesagt, was ich vorher nicht sagen konnte.
Und ... ... deshalb ...
... bin ich jetzt in der Lage, mich an dich und alles drum herum zu erinnern.
Nanase ...
ZUCK
Und ... Was genau willst du nicht vergessen ...?
Na ... kannst du dir das nicht denken ...?!
Kann sein, dass ich mich irre, aber ich muss mich kurz vergewissern ...

Meine »Freundin«!
Welche Freundin??
Na ja, as haben Yu nd Suzuha gesagt ...
Bis dann!
Ich ... bin froh, dass wir uns treffen konnten.
Ja, bis bald!
Und bestell deiner Freundin schöne Grüße!
...?
Meiner Freundin ...?
Na, deiner aktuellen Flamme!
Seid ihr nicht zusammen im Schülerrat?
Nach eurem Schulfest ist sie extra vorbeigekommen ...
... und hat verlangt, dass wir uns von dir fernhalten sollen.

Was ziemlich seltsam ist ...
... denn soweit ich weiß, habe ich momentan gar keine Freundin.
Kann es sein, dass du ...
Es tut mir wahnsinnig leid!!
VERBEU
Mich einzumischen, war echt daneben ...!
Und dann hab ich auch noch so dreist gelogen und mich als deine Freundin ausgegeben ...
... bloß ... weil ich mehr über deine Vergangenheit wissen wollte ...!!
Gelogen ...?

Komplett gelogen wäre auch falsch.
Findest du nicht?
Äh … Wie …?!
Was meinst du denn dam…?
Na, was schon …?

Das kannst du dir doch hoffentlich denken ...

Die Illustration unten ↓ habe ich gezeichnet, als ich erfuhr, dass meine Vorgängerserie *Zu jung für die Liebe?* verfilmt wird. Ich habe selten Gelegenheit dazu, die Hauptfiguren aus verschiedenen Werken in einem Bild zu zeichnen, daher war es etwas ganz Besonderes.

↪ Das war fürs Summer Festival, glaube ich.

Für den Film habe ich ebenfalls an einer ganzen Reihe von zusätzlichen Aufträgen gearbeitet, aber weil das mit den Rechten ein wenig schwierig ist, kann ich euch in den *Atemlose Liebe*-Büchern leider gar nichts davon zeigen. Das finde ich schon ein wenig traurig. Aber die Filmversion von *Zu jung für die Liebe?* ist auf jeden Fall richtig toll geworden!

Ich bin wirklich ein echter Glückspilz, dass ich so eine Chance erhalten habe! Ich freue mich auch schon wahnsinnig auf das DVD- und Blu-Ray-Release. Die muss ich mir unbedingt sofort holen! Auf Twitter haben mir Leser sogar geschrieben, dass sie den Film gleich mehrmals im Kino gesehen hätten. Das hat mich wirklich gefreut! Dabei ist ja schon ein einziger Kinobesuch ein ziemlicher Aufwand.

Was mich allerdings am meisten freut, ist, dass dank des Films jetzt alle nur noch *Misekodo* sagen, statt *Miseinen dakedo, kodomo ja nai**. Während die Serie in der *Sho-Comi*** erschien, hatte ich nämlich den Eindruck, ich sei die Einzige, die den Titel so abkürzt. Deshalb ist es mein ganz persönliches Highlight, dass ich die Leute jetzt überall *Misekodo* sagen höre!

*jap. Originaltitel
**jap. Manga-Magazin

KAPITEL 14

Kapitel 14. Einige von euch werden vielleicht denken: »Wie labil muss man sein, dass man wegen ein bisschen Liebeskummer sein Gedächtnis verliert?« Aber bei meinem Freund war der Auslöser tatsächlich, dass sein bester Freund ihm die Freundin ausgespannt hatte. Da ich nach einer schlimmen Trennung auch schon mal die Erfahrung gemacht habe, dass Essen plötzlich nach nichts mehr schmeckt, konnte ich das eigentlich ohne Weiteres nachvollziehen. Ich war einfach nur erstaunt zu erfahren, dass Liebeskummer sich offenbar auch aufs Gedächtnis auswirken kann.

Was die Sache mit der Wut auf einen Verstorbenen angeht … Ich muss gestehen, dass ich ein wenig Hemmungen hatte, Kentaros Gefühle gegenüber seinem plötzlich verstorbenen Vater zu zeichnen. Aber ich denke, er war einfach wütend, dass sich sein Leben auf einmal so extrem verändert hat. Diese Wut hat er dann an seinem toten Vater ausgelassen, weil er nicht wusste, wohin damit. Gleichzeitig hat er es natürlich auch bereut …

TROPF
SCHLUCHZ
Hä ...?! Was ...?
Tut mir leid! Hat's dir nicht gefallen?!
SCHLUCHZ
Nein ..
Ich meine, doch ...
Ein Kuss aus heiterem Himmel ...
Genau wie damals.

Kurze Zeit später verlor er sein Gedächtnis ...

... und bevor ich wusste, was die zwei Küsse zu bedeuten hatten ...

... zerplatzte alles wie eine Seifenblase.

Nanase und ich fingen wieder bei null an ...

Zwischendurch hatte ich die Hoffnung schon aufgegeben, dass wir uns je wieder so nah kommen würden.

FLOPP

Aua ...
Was ...?
Ein Papierflieger? Da steht was drauf ...
RASCHEL
Ihr zwei Turteltauben dürft in trauter Zweisamkeit den Baum abschmücken!!
Der Kranwagen kommt in einer Stunde.
L... Lass uns loslegen!
Wir wurden beobachtet!!
J... Ja!!
Die Party ist zu Ende.
Oho! Ihr wart ja richtig fleißig!
Ich konnte ihn ...
... wieder nicht fragen, was der Kuss bedeutet.

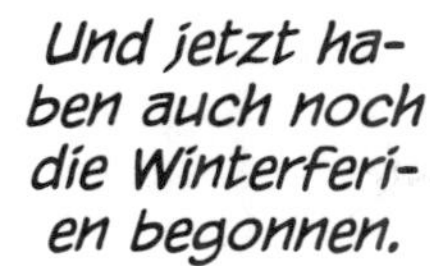
Und jetzt haben auch noch die Winterferien begonnen.

Du, Daiki?
Ist man nach einem Kuss automatisch ein Paar?

Hä?!
Das fragst du mich? Ich bin dein kleiner Bruder!
Voll peinlich!
Ich denke, ja.
Aber Ririko sieht das anders ...
Wer zum Geier ist Ririko?!
Ein Kuss, und schon führt er sich auf wie mein Freund. Echt nervig!
Hast du ihn denn nicht geküsst, **weil** ihr ein Paar seid?!
J... Ja, total ...
Ririko!♥

»Das kannst du dir doch hoffentlich denken ...«
Obwohl er mich geküsst hat, bin ich dann doch nicht seine Freundin, oder?
MURMEL
Bloß weg hier!
MURMEL
MURMEL
In anderen Ländern küssen sich Leute ja sogar zur Begrüßung ...
MURMEL
MURMEL
Nein, kann ich eben nicht! Ich kapier's nicht! Red doch Klartext mit mir!!
PLING
Nanas
Heute
Nanase
Guten Morgen.
8:44
Ich hab heute Frühschicht im Supermarkt.
8:45
Kyah! ♡♡♡ Er hat mir wieder geschrieben!!
SCHRECK
SPRING
Hihihi ♡
Was antworte ich nur? ♡
Himari ...? Ich will kein Bruder mehr sein.

Heute
Guten Morgen.
8:44
Ich hab heute
Frühschicht im Supermarkt.
8:45
Guten Morgen!
Lass dich nicht unterkriegen!!
8:47
Fight!!
Seit die Winterferien begonnen haben, schickt er mir jeden Morgen eine Nachricht.
PLING
Oh!
Noch eine!
Es ist fast so, als wären wir ein Paar. Ich bin so wahnsinnig happy!
Was machst
du eigentlich an Neujahr?
8:48
Yuka
In den Ferien sind wir die ganze
Zeit bei meiner Oma. Das machen
wir jedes Jahr so. Sieh mal, wie viel
Schnee hier liegt!
8:49

BATSCH
Das kann doch nicht wahr sein ...
Deshalb ist es auch nicht so schlimm ...
... wenn wir uns eine Weile nicht se-hen. Ich bin so glücklich ... ♡
GATANG
Die erste Rush-hour nach den Ferien ist die schlimmste ...
Wenn Nanase jetzt bei mir wäre, würde mir das Gedrängel kaum etwas ausmachen ...
TRÄUM
GATANG

Kyah! Kyah!
Nächster Halt Kita-kazuura.
Das ist Nanases Station ...
Welche Bahn er wohl morgens immer nimmt ...?

Es wäre toll ...
... wenn wir gemeinsam zur Schule fahren könnten ...

Ah ...!

Das kann doch nicht wahr sein!!
Guten Morgen ...!
Wir haben uns ja noch nie in der Bahn getroffen ...!!
...
Nana...
...se ...?
Er wird doch nicht wieder sein Gedächtnis verloren haben ...?!
Ähm ...
Weißt du, wer ich bin ...?!
Hast du dich in den Winterferien gut amüsiert, Makino ...?

Wie bitte?! In den Ferien ..?
Puh! Ein Glück! Er erinnert sich ...!
Äh ...
Was meinst du ...?
Ich glaube, ich hatte noch nie so schöne Winterferien ...
Weil du mir jeden Tag Nachrichten geschickt hast ...
... war es fast so, als hätten wir uns täglich gesehen.
Na toll ...
Dann hab ich mich offenbar als Einziger gelangweilt ...
Äh ...
Ich hab nicht damit gerechnet, die ganzen Ferien auf dich verzichten zu müssen.

Lass mich die zwei Wochen bitte erst mal nach-holen.
POCH
POCH
Was?! Wie bitte ...?!
Was ... Was passiert gerade?!
POCH
POCH
POCH
POCH
Mein Herz klopft so laut, dass ich kein Wort verstehe.
Sein Ge-ruch! Seine Wärme ...! Sein Atem ...!
POCH
POCH
Wir stehen mitten in einer vollen Bahn ...
... aber irgendwie ...
... irgend-wie ...

... kommt es mir so vor ...
... als gäbe es nur uns zwei!
POCH
POCH
POCH
POCH

Oh!
Takimiya. Hier muss ich raus.
DRÜCK
Mpf!

Argh!

Wollte ich sie gerade küssen ?!
Am frühen Morgen in der Bahn ...?!
Was ist denn mit mir los ...?!

Hah ...
Aber wenigs-tens ...
... hab ich sie endlich wiederge-sehen ...
Frohes neues Jahr, meine Lie-ben!!
Schülerrat

Lasst uns auch dieses Jahr die Takimiya-Highschool zu einem besseren Ort machen!

KRACK

Auf gute Gesundheit!!

*Reiskuchen, trad. Neujahrsspeise

KLOPP

Dann lasst euch die Mochi* schmecken!

KLOPP

Idiot! Das landet doch alles auf dem Boden!

POCH

Oh, tut mir leid ...
Wegzieh
A...
Ach, schon gut!
Sollen wir die Stücke lieber abwaschen?
Abwischen reicht doch, oder?
Lecker!
Das ist für dich, Nanase!
Tadaa! Das Präsidenten-Special! ♡

*rote Bohnenpaste, hier unpürier

In zwei Wochen? Kein einziges Mal?!
Ich hätte sie ja gern gesehen ...
Oh Mann ... Schon gut, schon gut, alles klar.
Nein.
Aber wenigstens zum ersten Schreinbesuch im neuen Jahr ...
Ihr seid also immer noch kein Paar!
Sie war die ganzen Ferien über weg. Keine Chance ...
Hä ...?
Doch, sind wir ...
Frisch schmecken sie am besten mit geriebenem Rettich!
Ja, das stimmt.
Ich bezweifle, dass Makinon das klar ist.
Hast du ihr überhaupt deine Liebe gestanden? Wohl kaum!
Na ja, nicht direkt ...
Aber nach allem, was war, kann sie sich doch denken ...
Was soll sie sich denken?!
Du erwartest doch wohl nicht, dass sie, die Unschuld vom Lande, nach so einem Spruch weiß, woran sie ist?!

Hast du etwa gelauscht …?!
?
Weißt du überhaupt, wie sehr dein Gedächtnisverlust Makinon verletzt hat?
Du hast kein Recht, sie noch weiter zu verunsichern!
!
War das unter dem Weihnachtsbaum überhaupt euer erster Kuss?
Falls nicht, was glaubst du, wie sie sich gerade fühlt …?

Ich an deiner Stelle würde ihr mit einem Blumenstrauß meine Liebe gestehen.
Hey, gibt's für mich auch noch was ...?
Makino!
Komm mal kurz mit!
Was geht jetzt ab?
Sie brennen durch! ♡
Ich ... würde ...
... dir gern etwas sagen ...

Also ... wegen neulich, an Heiligabend ...

J... Ja ...?!

Ich wollte dich auch die ganze Zeit danach fragen ...!

Was hatte es zu bedeuten?

Ich hab mir in den Ferien die ganze Zeit den Kopf darüber zerbrochen ...

Oh ... Tatsächlich ...?

Das macht meine Aktion in der Bahn ja noch schlimmer ...

Weißt du, ich hatte ein bisschen Angst heute Morgen ...

Was ...?!

Na ja, am Anfang hast du meine Begrüßung nicht gleich erwidert.

Ich hab schon befürchtet, du hättest wieder alles vergessen ...

Oh ... Ach so ...

Ich hab doch geschmollt, weil sie mich offenbar gar nicht vermisst hat ... Aber das sollte ich verschweigen.

BLUSH

Beim letzten Mal hast du etwas später dein Gedächtnis verloren ...
... deshalb hatte ich ein kleines Déjà-vu ...
Zum Glück hab ich mich geirrt!
...!
Dann war das nicht unser erster Kuss ...
... sondern schon unser ... zweiter ...?
Äh ... nicht ganz ...
Und zwar ...?

Unser ...
... dritter ...
Oh Mann, wie peinlich. Sorry ...!
Ach was ...! Ist doch alles gut!
Klar war ich traurig, dass du mich vergessen hattest ...

... aber da du mich noch ein drittes Mal geküsst hast ...
... zählen die beiden ersten Küsse wieder mit.
LEHN
Dieser Kuss hat mich also gleich dreimal so glücklich gemacht. Das ist doch wie ein Sonderangebot.
Pff ...
Ein Sonderangebot ...?
Alles klar ... So gesehen war das ein echtes Schnäppchen!
Jetzt bin ich neidisch ...
Schmieg
Das wär ich auch.
Dann will ich zumindest den Punktestand umkehren ...
Was?
Aber das ist unmöglich! Egal, wie viele Küsse wir noch austauschen ...
... ich werde dir immer zwei voraushaben.

Ach ja ...? Und wenn ich dich so oft küs-se, dass du sie gar nicht mehr zählen kannst ...?
...!
Mo...
Moment ...!
E... Erst musst du mir verraten, warum du mich küs...
»Ich an deiner Stelle würde ihr mit einem Blumenstrauß meine Liebe gestehen.«
Leichter gesagt als getan ...
Ich hatte doch gar keine Zeit, mich vorzu-bereiten.
Kann ein Kuss denn noch etwas anderes bedeuten als ...

... dass ich dich liebe?

Ich betrachte dich jedenfalls …
… schon seit zwei Wochen als meine Freundin.

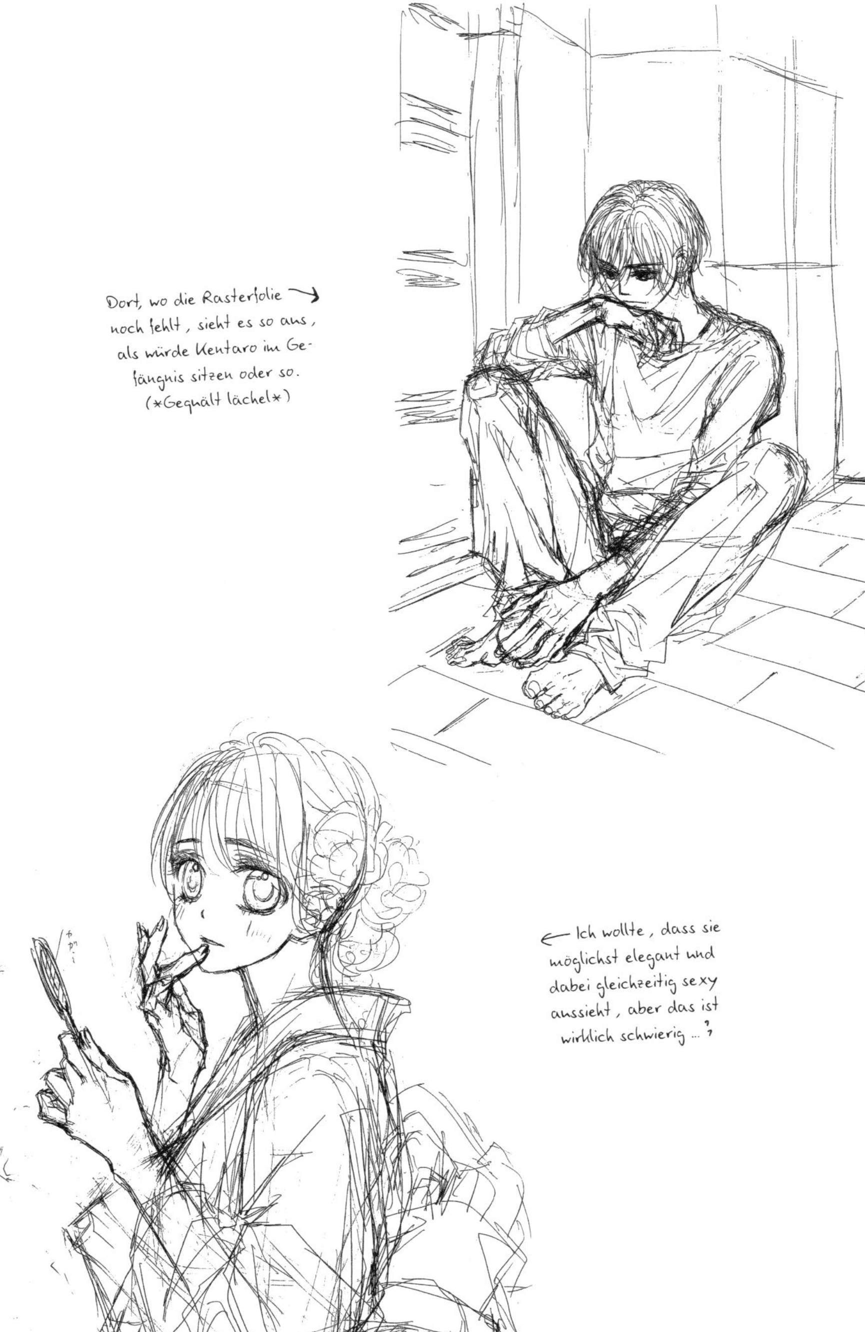
Dort, wo die Rasterfolie
noch fehlt, sieht es so aus,
als würde Kentaro im Ge-
fängnis sitzen oder so.
(*Gequält lächel*)
Ich wollte, dass sie
möglichst elegant und
dabei gleichzeitig sexy
aussieht, aber das ist
wirklich schwierig ...

KAPITEL 15

Kapitel 15. Ich bin ziemlich glücklich mit der Illustration von Kentaro im Yukata* auf der Titelseite dieses Kapitels. Von allen Motiven mit Jungs, die ich bisher gezeichnet habe, gefällt sie mir am besten. ☺

Mir gefällt außerdem, wie Kentaro seit dem letzten Kapitel in der Bahn jedes Mal Vollgas gibt. (*Lach*) Yuka und er sind von allen meinen bisherigen Pärchen am »normalsten«. Ich lege bei der Arbeit an der Serie viel Wert darauf, Situationen zu zeichnen, wie sie jeder selbst im Alltag erlebt ... Ich glaube, ich habe bisher noch keins meiner Pärchen so oft Bahn fahren lassen ...

* leichter Baumwollkimono

... heißt das ... dass wir jetzt schon seit zwei Wo-chen ... ein Paar ... sind ...?
Nein, ähm ... Ich hatte dich ja noch gar nicht gefragt ...
Also ... eigentlich ab heute ...
Stopp.
So nicht. Ähem ...
Was ...?!
Nicht?!
Gib mir eine Se-kunde ...
Hust

Ich liebe dich, Makino!

Bitte ...
werd meine
Freundin.

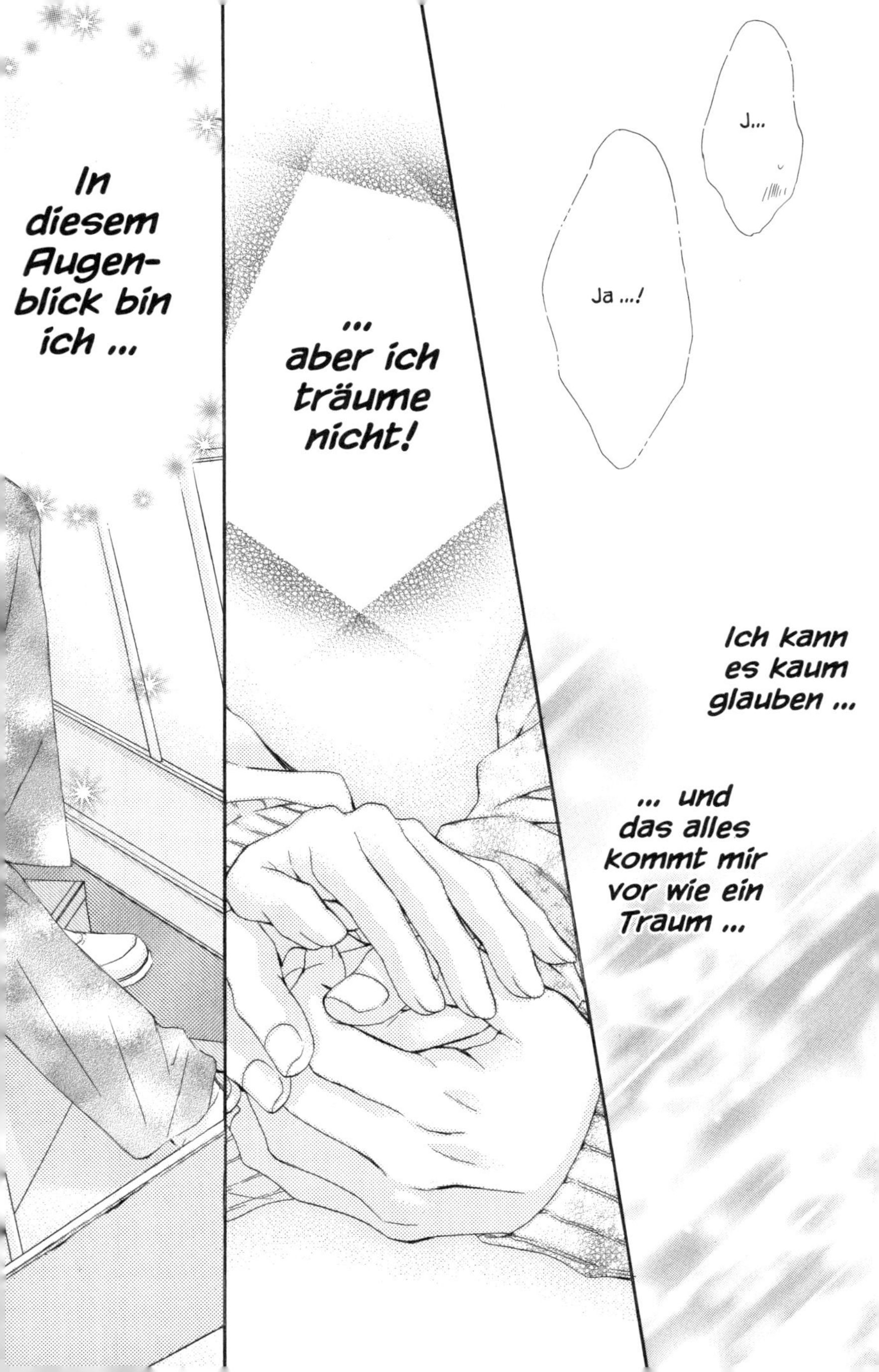
J…
Ja …!
Ich kann es kaum glauben …
… und das alles kommt mir vor wie ein Traum …
… aber ich träume nicht!
In diesem Augenblick bin ich …

... Nanases
Freundin ge-
worden!

Unser Neujahrstreffen ist
schon vorbei!! Bitte auf-
räumen und abschließen!
Alle beide!! Und tschüss!
Da ich jetzt seine Freundin bin ...
Wenn wir jetzt ein Paar sind ...
D...
Dann ...!!
... können wir endlich den Pärchenweg zum Bahnhof nehmen!!
Yes!

Äh ... Nanase ...?
Was meinst du?
U... Und jetzt ...?!
Irgendwie ist es mir peinlich ...
... zu fragen, ob wir den Pärchenweg nehmen wol-len. Oje ...!
Ähm ...
Na ja ...
Es gibt zwei Wege ...
Was gibt's da groß zu überlegen ...?
Augen-arzt-praxis
Wir nehmen den komischen Weg für Pärchen, oder etwa nicht?
Vorsicht, Kinder!

Uwaaah, Hilfe!

POCH

POCH

POCH

POCH

Mir wird vor lauter Glück ganz schwindelig!

FIUUU

!

Uwah, der Wind ist ja eisig ...

Alles okay, Makino?

Ja! Mir geht's gut!

Hah ... Ein Glück ...

... dass gerade Winter ist.

Ohne diese frische Luft wäre ich auf dem Pärchenweg ...
... garantiert vor Aufregung umgekippt.
Huch?
Die Bahn ist ja heute so leer!
Stimmt ...
Bahnhof Takimiya
TAKIMIYA STATION
Taxi
MUR
Es könnte ruhig richtig voll sein ...
MEL

Nächster Halt: Kitaka-zuura.
Kitakazuura
Tut mir leid ...
Meine Schicht beginnt gleich ...
... also kann ich heute nicht bis zu deiner Station mitfahren ...
Was?! Aber das ist doch voll okay ...
Danke, dass du's sonst immer machst!
PFSCHHH
Kitaka-zuura!
Na, dann bis morgen.
Ja!
Vorsicht ...
... die Türen schließen ...
PACK

GATANG
GATANG
Ma...
Makino ...?!
D... Diese Station ist ja in meinem Ticket enthalten ...
... also ...
KLAMMER
Äh ...
... kann ich dich zur Abwechslung doch mal zur Arbeit bringen ...
Auf diese Weise ...
Na ja ...

... hätten wir noch ein bisschen mehr Zeit ... zusammen ...
A... Aber falls dir das in deiner Nachbarschaft unangenehm ist, versteh ich das natürlich ...
BLUSH
So jung und so verliebt.
KICHER-KICHER
Guck mal, die beiden sind ja süß.

Also, das ...
... macht mir doch nun wirklich nichts aus.
SCHMIEG
Es ist aber ziemlich weit von hier ...
Einmal ... war ich ja schon da ...!
Na, dann nehme ich dein Angebot dankend an.
Ein Glück ...

... dass ich ihn damals nicht aufgegeben habe, trotz der Angst, verletzt zu werden.
Ich glaub, ich hatte schon mal erwähnt ...
... dass wir an derselben Bahnlinie nur eine Station entfernt voneinander wohnen ...
Ergib dich einfach ...
... deinem immer heftiger schlagendem Herzen!
Jeder Schritt, den ich auf ihn zugegangen bin, anstatt ihm aus dem Weg zu gehen ...
... hat uns diesem Moment nähergebracht.
Supermarkt Kakuetsu
24 h geöffnet
Oh ...
Wir sind ja schon da ...
Ja ...

Jetzt habe ich ihn bis hierhin begleitet ...
... und will seine Hand noch immer nicht loslassen ...
So wird das nie was ...!
Also dann ... Bis morgen!
Sei fleißig!
DRÜCK
Hah ...
Ich wünschte, ich hätte mich nicht für die heutige Schicht eingetragen.

Ich liebe dich ...
Ich ... hab vorhin auf der Treppe den richtigen Moment verpasst, es zu sagen ...
... aber ich liebe dich auch!

Und sogar schon länger als du mich.
Ähm ...
Also bis morgen!
Was soll das ...?
So was kannst du doch nicht machen ...

PLING
Nanase
Nimm morgen früh wieder dieselbe Bahn wie heute. Ich warte auf dich.
13:20

st gefährlich!

GATANG
GATANG
N... Nanase ...
Ähm ...!

Morgens herrscht hier aber auch ein Gedrängel.
Ja, schon ...
Aber ...

Drückst du mich nicht ein wenig zu sehr ...?!
pff
Dein Herz klopft ja wie verrückt.
...!
Lachst du mich aus?!
POCH
POCH
Du bist ja fies, Nanase ...!
Das ist die Revanche für gestern.
Was ...?
Mir zum Abschied so was zu sagen ...
Ich konnte mich überhaupt nicht mehr auf die Arbeit konzentrieren!
»Ich liebe dich auch! Und sogar schon länger als du mich.«

Wär doch unfair, wenn es nur mir so ginge.
Was redest du denn da?
...!
Ich denke doch be-reits ...
... den ganzen Tag nur an dich.
Wir sind endlich ein Paar ...
... können uns morgens umarmen ...
... treffen uns zum Mittagessen und gehen abends zusammen nach Hause.

Nanase

Nanase 13:51

Bin angekommen!

Willkommen daheim!

13:54

Danke!

Und wenn wir zu Hause sind ...

... schreiben wir uns Nachrichten.

Aber das reicht trotzdem hinten und vorne nicht!!!

Nanase
Nanase
Offenbar muss ich morgen doch nicht arbeiten. Wollen wir uns treffen? Wir könnten ins Aquarium gehen.
22:07
W... Wird das etwa das, was ich mir von ganzem Herzen wünsche ...?!
um geher
PLING
PLING
Tolle Idee!
22:07
PLING
Ich hab Zeit!
22:08
Ich liebe Aquarien!
Freu mich total!!
LING
Wie viel Uhr?
PLING
Wo
PLING
22:08
treffen wir uns?!
TIPP
TIPP
TIPP
TIPP
TIPP
treffen wir uns?!
22:09
PLING
Nanase
Du bombardierst mich ja regelrecht! LOL! Warte morgen um 9:30 in Kazuura auf dem Bahnsteig.
22:11
Mein erstes Date mit Nanase!!
Juchu ...!
Das heißt, wir haben den ganzen Tag nur für uns ...!
Ich zieh dieses Kleid an!
Der morgige Tag kann ja nur traumhaft werden!!

Zumindest hätte er das werden sollen ...

Warum musste das auch passieren?

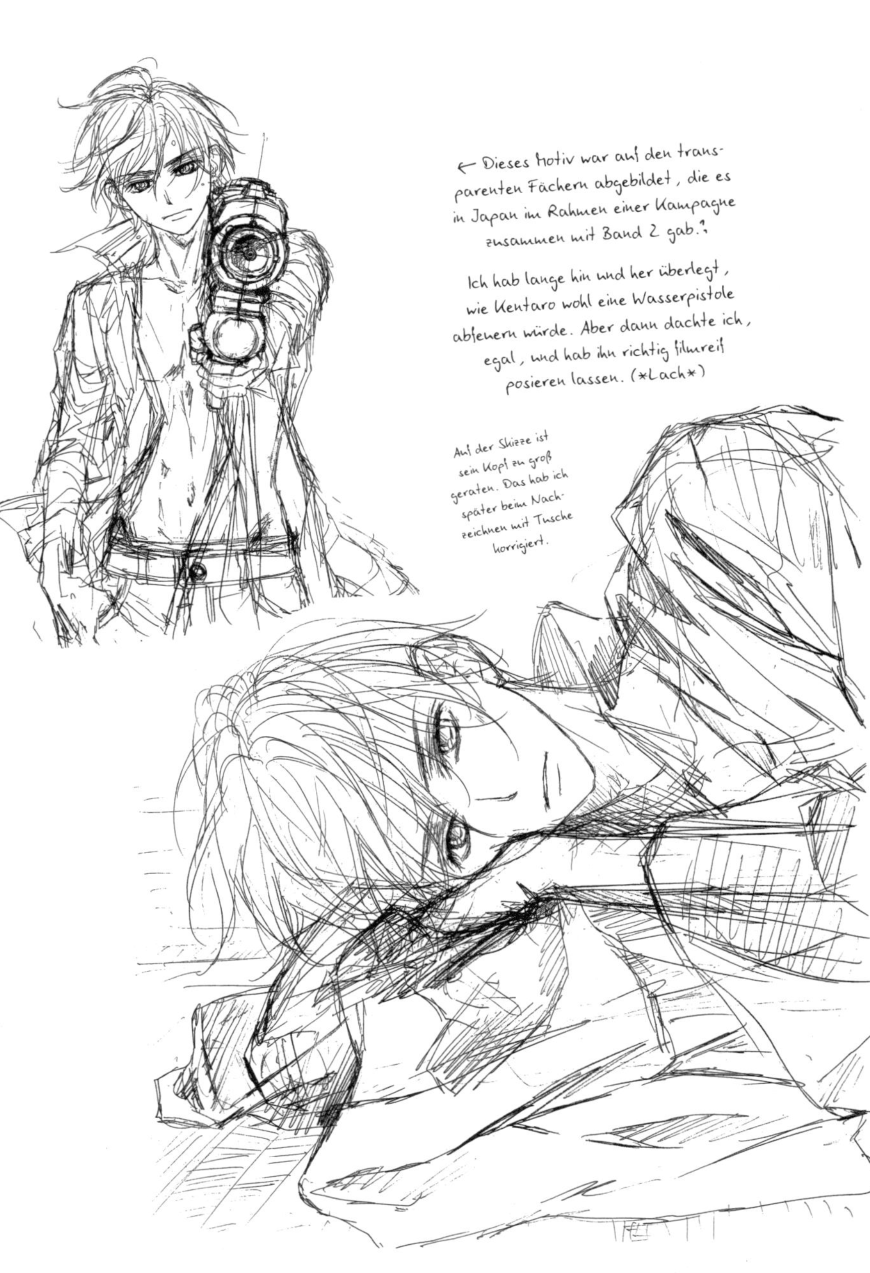
← Dieses Motiv war auf den transparenten Fächern abgebildet, die es in Japan im Rahmen einer Kampagne zusammen mit Band 2 gab.
Ich hab lange hin und her überlegt, wie Kentaro wohl eine Wasserpistole abfeuern würde. Aber dann dachte ich, egal, und hab ihn richtig filmreif posieren lassen. (*Lach*)
Auf der Skizze ist sein Kopf zu groß geraten. Das hab ich später beim Nachzeichnen mit Tusche korrigiert.

KAPITEL 16

Ich bin extra früh aufgestanden.

Mein Make-up und mein Outfit müssen perfekt sein ...

... denn heute muss ich hübscher aussehen als je zuvor in meinem Leben!

Kapitel 16. Das erste Date! ♥ Es geht ganz klassisch ins Aquarium. (*Lach*) Für dieses Kapitel war ich für die Recherche in einem öffentlichen Aquarium. ✿ Meine Redakteurin meinte im Anschluss: »Wenn Sie dieses Date nicht gezeichnet hätten, hätte es auch als Gag getaugt.« Stimmt! (*Lach*) ♥ Aber ich habe auch hier nur versucht, ein normales, alltägliches Date zu zeichnen, inklusive Pannen, wie sie nun mal vorkommen. Wer war als Teenager nicht unsicher, weil der Pony unordentlich lag oder man ausgerechnet am Tag des Dates mit dem Schwarm einen Pickel hatte? Und dann auch noch Natto ...! Das ist vielleicht etwas extrem, aber ich finde es eigentlich ganz süß, wenn man sich Sorgen macht, ob man zum Beispiel nach Schweiß riecht. Und wenn man auf seinem allerersten Date pitschnass wird, weil eine Welle über einen schwappt, erinnert man sich später bestimmt immer wieder gern daran. ☺

Ja!
Perfekt! ♡
Genau.
Alles war perfekt.
Und dann so was!
Warum ...
... musste das pas-sieren?!

...no ...

Makino ...

Makino?

Hä?! Wah ...! Wa... Wa... Wa...?!

DONG

Aua!

Du wirkst heute irgendwie so betrübt? Alles okay?

Äh ... Ja. Alles in Ordnung.

*fermentierte Sojabohnen, die sehr streng riechen

DEPRI
Ich stinke und meine Frisur ist furchtbar. Schlimmer geht's nicht ...
Ähm ...
Magst du eigentlich gern Natto ...?
Natto?
Hmm ...
Nicht wirklich ...
Buhuu ...
Was ist denn?
Uuh ...
Ich darf ihn auf keinen Fall in die Nähe meiner linken Seite kommen lassen ...!!
Kawashina-Aquarium

u...
...wah! Das ist ja ganz schön voll hier ...!
SCHNUPPER
Wie soll ich so Abstand halten?
SCHNUPPER
Ich nehm dich lieber an die Hand, sonst verliere ich dich noch.

ZIEH
Makino ...?!
Warum hältst du so viel Abstand ...?
T... Tut mir leid.
Äh ... Ich ...
... genier mich nur ein bisschen.
Was, wenn er es riecht ...?
Warum denn auf einmal ...?
Wenn du dich so anstellst ...
... werd ich auch ganz verlegen.

*hawaiianisches Reisgericht

... ist mein Natto-Gestank.

Ich halt das nicht aus.

Ich will nur noch weg ...
Ob er böse ist, wenn ich ihn bitte ...
... unser erstes Date an einem anderen Tag nachzuholen?
Oh ...
Makino ... Riechst du das auch?
Ich bemerk das schon eine Weile ...
POCH
Oh nein ...!
Bitte nicht ...!
POCH
POCH
Ach Mann, mir fällt das Wort nicht ein ...
Oh ... Genau! Es riecht nach ...
ZUCK
Sorry, keine Ahnung!
Ich muss zur Toilette!!

...
Uh ...
Er hat sicher die ganze Zeit bemerkt, dass ich stinke!
Ich würde am liebsten vor Scham im Boden versinken!!
PLATSCH
Uuh ...
PLITSCH
Uh ...
PLATSCH
Uuh ...
PLATSCH

TAPP
Maki …
…! Makino?!
Du bist ja klitschnass! Wie ist das passiert …?!
Tut mir leid … aber ich möchte nach Hause …

Was ist denn mit dir los ...?
Ging es dir etwa die ganze Zeit nicht gut?
Nicht ...
PATSCH
... anfassen ...
Fass mich nicht an ...!
Tut mir leid ...
Ich kapier es nicht, aber ...

... hab ich ... irgendwas falsch gemacht ...?
Du schaust heute andauernd auf den Boden.
Ich dachte schon, du quälst dich hier durch, obwohl es dir nicht gut geht ...
Aber es ist was anderes, oder? Ist es wegen mir?
Was ...?
Na, endlich ...
... schaust du mich an! Das ist das erste Mal heute.

Dabei liebst du Aquarien so ...
Tut mir leid, dass ich dir den Spaß verdorben hab.
POCH
Ich ...
... war so mit mir selbst beschäftigt ...
ZIEH
... dass ich keinen Moment darüber nachgedacht hab ...
PATSCH
Nicht ...
... wie abweisend mein Verhalten auf ihn gewirkt haben muss ...
Nein ...! Dich trifft überhaupt keine ...
Schon gut, lass uns nach Hause gehen.
Halt ...!
Nicht!
Wenn wir so nach Hause gehen, werde ich das nie richtig aufklären können!

Es liegt nicht an dir ...!
Mein Bruder und sein dämliches Natto sind an allem schuld!
Kurz bevor ich losmusste, hat er mir Natto auf den Kopf gekippt ...
... aber weil ich pünktlich sein wollte, hatte ich keine Zeit, es richtig auszuwaschen ...
Ich hatte so Angst, dass du was riechst ...
... deshalb durfte ich dir nicht zu nahe kommen ...!
Makino ...

Ich versteh nur Bahnhof.

Äh ... Na, du meintest doch ...

... du hättest vorhin etwas gerochen ...

Ich war geschockt, weil ich doch ... so scheußlich gerochen habe. Deshalb wollte ich nach Hause ...

Was? Ich wollte sagen, dass es nach Meer riecht.

Siehst du ...

SPLASH

Die Delfinshow ist gleich da drüben.

KLATSCH

JUBEL

KLATSCH

KLATSCH

Und überhaupt ... Es ist doch bloß Natto ...

Er meinte ... das Meerwasser ...

Was ...?! »Bloß Natto« ...?
Vor unserem ersten Date!! Kannst du dir vorstellen, was das für ein Schock war ...?!
Mann, ich dachte echt, dass du mich auf einmal nicht mehr leiden kannst ...!
Vergleich das mal mit dem Schock, wenn man gemieden wird, ohne zu wissen, warum.
Stimmt auch wieder ...!!

Tut mir leid ...! Aber du solltest wirklich etwas Abstand halten!

Ich stinke.

Ist mir egal.

Aber mir macht es was aus ...

Ich will das so nicht ...!

Das hier ist mein erstes Date mit dem Jungen, den ich liebe ...

Ich will ... dich richtig fest umarmen können ...

... sodass mir das Herz bis zum Hals schlägt ...!

Lass uns für heute nach Hause gehen und ein anderes Mal ...

Okay ...

Ich muss also nur dafür sorgen, dass dich der Geruch nicht mehr stört, oder?

Komm mit!
Was ...?!
Nanase?!
Hey ... Was willst du denn da vorne ...?
Wenn wir uns während der Show so dicht an den Beckenrand stellen ...
Und jetzt springen alle zusammen!

SPLASH

N...
N...N...
Nana...
se ...?!
Voll
salzig!
Ha
ha
ha!
Krass!
Wir sind
noch
nasser,
als ich
dachte!
Jetzt, wo
wir beide so
aussehen ...
... ist es
doch ganz
egal, wie
du riechst,
oder?
Also
bleib ...
... noch
bei mir,
ja?

Endlich ...
... zeigst du mir dein Lächeln ...
Okay ...!

ザッパーンッ
SPLASH
Zum Abschluss haben sie euch eine extra große Welle spendiert!
KLATSCH
KLATSCH
Einen kräftigen Applaus für unsere Delfine!!
KLATSCH
KLATSCH
Hier, nehmt diese Handtücher!
Oh, Partnerlook ...

Sorry, hat etwas gedauert.
Heißer Kakao!
ZUCK
Wah!
E... Erschreck mich doch nicht!
Ich hab mich schon gewundert, wo du so lang bleibst.
Na ja, die Schlange war endlos ...
Hach, das wärmt richtig schön!
Tut mir leid ...
Dich mitten im Winter bis auf die Knochen durchzuweichen, weil ich dich nicht gehen lassen wollte ...
... war echt rücksichtslos, oder ...?
Ach was!
Hättest du es nicht gemacht, wäre meinetwegen unser erstes Date ins Wasser gefallen!
Ich würde jetzt zu Hause sitzen und heulen!
Und Daiki erwürgen ...

So konnte ich den ganzen Tag ...
... zusammen mit dir an einem Ort verbringen, den ich über alles liebe!
Ein schöneres erstes Date hätte ich mir gar nicht vorstellen können ...!
Bis auf ... eine Sache ... Ab sofort werde ich dir sagen, wenn irgendwas sein sollte ...
Na, das will ich doch schwer hoffen!
Ich muss dir übrigens auch was sagen ...
Was ...?
Yuka ...
RASCHEL

Bitte bleib ab jetzt für immer an meiner Seite.
Was ...? Ähm ...
J... J... J... Ja ...! Natürlich ...!
Wann ... hast du denn die Blumen besorgt ...?!
Oh ... Deshalb hast du vorhin so lange gebraucht ...?
...
Nur damit du's weißt, ich hab noch nie einen Blumenstrauß gekauft ...
Welche Sorten könnten denn Ihrer Freundin gefallen?
Sorten?!
Ich dachte, ich wäre darauf vorbereitet, aber es war trotzdem superpeinlich ...

Aber für heute ...
... hatte ich mir vorgenommen, dich auf Händen zu tragen. Egal, ob es peinlich für mich wird.
Hah ...!
Ich weiß ... ich hab dich zutiefst verletzt ...
... als ich durch meinen Gedächtnisverlust alles vergessen habe ...
Deshalb wollte ich unser erstes Date zu einem so besonderen Tag machen, dass ich es gar nicht vergessen könnte, selbst wenn ich es wollte.

D...
Danke ... Ich bin ganz gerührt, dass du dir meinet-wegen solche Gedanken gemacht hast ...
Und ...
... du hast mich gerade »Yuka« genannt ...
Na, immerhin bist du meine Freundin!
Da will ich dich natürlich mit deinem Vornamen ansprechen.
Dann ... darf ich ...
... das auch ...?
Klar ... Los, sag's ...

kawaShina
aquarium
Kentaro
...

← Bei meiner Recherche im Aquarium habe ich auch ein Foto von einer Meeresschildkröte gemacht, also dachte ich mir, ich lasse Yuka mal ganz stilvoll auf ihr reiten! (*Lach*)
Mit den Sternen im Hintergrund ist die Illustration richtig süß geworden. Und meine Assistentin hat die Meeresschildkröte und die Fische so realistisch hinbekommen. Ich bin sehr zufrieden mit diesem Bild!
Zwei Freundinnen zu zeichnen, macht mir immer großen Spaß! Die Mädchen sind einfach hübsch anzusehen.
Yuka und Anna im Zwillingslook, die eine in Weiß, die andere in Schwarz.

KAPITEL 17

Kapitel 17. Und schon sind wir beim letzten Kapitel von Band 3 angelangt. Kagayas Liebesgeschichte, die ich mir als Nebenplot überlegt habe, und auch Ishii, der schon seit Kapitel 1 immer mal super sporadisch in Erscheinung tritt, werden in Band 4 eine ziemlich große Rolle spielen. Es kommt also ein bisschen Bewegung in den Schülerrat, dessen Mitglieder bisher ja recht wenig zur Story beigetragen haben. Ihr dürft gespannt sein!

Übrigens, so einen Mini-Kuchen, wie Yuka ihn Kujirai schenkt, haben meine Redakteurin und ich von einem Jungen des Schülerrats bekommen, an dessen Highschool wir damals für *Atemlose Liebe* recherchiert haben. Es war zufällig gerade Valentinstag, und besagter Junge hat diese selbst gebackenen Küchlein verteilt ... Ich fand es so süß von ihm, dass er dabei auch an uns gedacht hat! Deshalb habe ich hier genau so einen Kuchen gezeichnet.

FLUFF
Hier ... Nimm meiner ...
Was ...? Aber dann wird dir doch kalt ...!
Schon okay.
Ich will nicht, dass du dich erkältest, Yuka.
Oh ...
Danke ...
Hört mal, ihr beiden ...
Wir bitten um Ihre Spende!
Der Schülerrat der Takimiya-
Unterstützen Sie den Wiederaufbau der Erdbebenregion!
Der Schülerrat der Takimiya-Highschool
Vielen Dank!
Wollt ihr euch das nicht lieber aufheben, bis ihr allein seid ...?!
Wir sammeln hier Spenden ...

Bitte spenden Sie für den Wiederaufbau!

HUSCH

Bitte spenden Sie!

LINS

LINS

Äh? Hallo?!

Unterstützen Sie den Wiederaufbau der Erdbebenregion!
Der Schülerrat der Takimiya-Highschool

Vielen Dank, dass ihr trotz der Kälte mitgemacht habt!

Das Wichtigste beim Wiederaufbau ist, dass die Spenden weiter fließen, auch wenn es nur kleine Beträge sind.

Mit eurer Hilfe haben wir heute einen wertvollen Beitrag geleistet!

Spenden

Die Jungs bringen das Equipment zurück zur Schule ...
... und die Mädchen können direkt nach Hause gehen.
Wir bi
um Ih
Was ...? Ist ... das wirklich okay?
Na klar! Ihr Mädels seid doch gerade sowieso schwer beschäftigt!
Schließlich ist bald Valentinstag! ☆
Mann ... Dieses obligatorische Hin-und-her-Schenken* geht mir echt so auf den Keks! Das kann man ja wohl mal langsam abschaffen!
Hab ich jemals um die Schokolade gebeten?! Aber ich bin hinterher der Böse, wenn ich nichts zurückschenke ...
Und je mehr man bekommt, umso mehr Aufwand hat man ...
Wieso? Bekommst du denn so viel?!
Ja ... Die Mitarbeiterinnen der Firma meines Vaters schenken mir immer bergeweise ...
Wie machst du das eigentlich, Kujirai? Du kriegst doch immer massenhaft Süßes.
Von mir bekommen natürlich alle was zurück!
Schließlich ist die Schokolade mit Liebe gemacht!!
Aber ...
*Mädchen schenken Jungen Schokolade, Jungs revanchieren sich einen Monat später am White Day.

**Trostschokolade für Mitschüler oder Kollegen

Was für Schokolade willst du denn machen, Kagaya?

Muss es wirklich selbst gemachte sein, damit er mir glaubt, dass ich es ernst meine ...?

Was ?!

Nein, ich glaube nicht.

Ich hab sogar gehört, dass manchen Jungs die selbst gemachte Schokolade überhaupt nicht schmeckt ...

Ich hab bisher noch nie jemandem was zum Valentinstag geschenkt ...

Und Süßigkeiten hab ich nur einmal in Hauswirtschaft zubereitet ...

Kann es sein ... dass der Junge, in den du verliebt bist, schon etwas älter ist?

Äh ... Ja ... Warum?

Oh, ich hab das nur vermutet, weil du selbst so reif und unabhängig wirkst.

Ist es womöglich Präsident Kujirai ...?!

Hä?! Wie kommst du denn darauf?

Ups ... Der arme Präsident ...

Kujirai ist doch kaum älter als wir! Das eine Jahr ...!

Der ist mehr Kind als erwachsen.

Also ist es wirklich ein Erwachsener ...?

Vielleicht ein Lehrer?

BLUSH

...!
Was?! Hab ich richtig geraten? Ein Lehrer?!
Oh! Dann schwärmst du also für ihn!
Schwärmen ...?
Ich lass das mit den Süßigkeiten ...! Ich kann mich sowieso nicht entscheiden.
Und Kochen und Backen kann ich noch viel weniger ... Bis dann.
Was?! Warte doch! In dem Fall ...
Nein, so unschuldig ist das nicht ...
Jetzt ... nicht mehr ...
... lass uns doch ...
... zusammen Käsekuchen backen! Tadaa!
Auch für Anfänger geeignet!
Für den Liebsten
Käsekuche

Weißt du, laut meinem kleinen Bruder mögen die meisten Jungs lieber Käsekuchen als Schokolade!
Mit einem leckeren Käsekuchen ...
... hat sie mich schon am Haken!
A... Ach so?
Und das ist nicht nur seine Meinung?
Außerdem müsstest du ja auch noch die ganzen Utensilien kaufen ...
... wenn du noch nie zu Hause gebacken hast.
Ich hingegen mache das seit der Grundschule jedes Jahr ...
Bisher allerdings immer nur Schokolade für meine Freundinnen ...
Komm doch am 13. Februar zu mir und wir backen einfach gemeinsam!
Okay ...
Ich kann's ja mal versuchen ...
Happy Valentine!

Die Schachtel hier ist so hübsch ...
Hmmmm ...
Hmmmm ...
... aber Jungs mögen bestimmt lieber so was hier, oder ...?!

Sorry! Ich kann mich einfach nicht entscheiden.
Geh doch schon mal vor zur Kass...
Die hier ...? Oder lieber die ...?
Aber, aber ...
Uuuh ...
Du bist wirklich süß!
BLUSH
Was soll das heißen?!
Wie schön es ist ...
... sich zu überlegen, was man seinem Freund schenken könnte.
Auch wenn man sich dabei den Kopf zerbricht, ist man glücklich.

Fertig ...!!
Ich hätte nie gedacht, dass der Valentinstag so viel Spaß macht ...
... wenn man verliebt ist!
DING
DONG
DANG
DONG
Präsident Kujirai!
Das hier ist von Kagaya und mir ...

Hey, hey! Nicht drängeln!

Präsident! Würdest du das annehmen?

Und meins!

Meins bitte auch!!

Nur keine Angst! Ich werde all eure Schokolade annehmen, die ihr mit so viel Liebe zubereitet habt! ☆

Bei so viel Andrang ...

... ist das hier sicher überflüssig!

PACK

Wait, Makinon !!

Wie kommst du denn darauf?!

Den ...

... habt du und Kagaya gebacken ...?

Ich ... hätte nie gedacht, dass sie backt ...

Offenbar hat sie zum ersten Mal am Valentinstag etwas gebacken und verschenkt ...

Was ...?!

Das erste Mal?!

Ja, deshalb hat sie sich für den Empfänger, *um den es ihr eigentlich geht*, auch ganz besonders viel Mühe gegeben!

Ich muss weiter, bis dann.
Hach ... Ich bin auf einmal so nervös ...
POCH
POCH
POCH
POCH
Hoffentlich mag er Käsekuchen ...
Wie schön, dass ich in diesem Jahr ...
... dem Jungen, den ich liebe, mein Valentinsgeschenk überreichen kann.
Ich kann es noch immer kaum glauben.

Merk-
würdig
…
Er
antwor-
tet nicht
…
Kentaro
Kentaro
Dann komm ich morgen nach der letzten Stunde zur Treppe!
22:07
Yes!!
14.2. (Do)
Ich bin jetzt an der Treppe.
Warte auf dich.
Kann ich mal vorbei?
Oh! Ja! Tut mir leid!
Ob er eine andere Treppe ge-meint hat …?
Was soll denn das, Anna …?

PATT
PATT
Ich dachte, du wüsstest ganz genau ...
... dass du mir damit keine Freude machst.
Aber ...
... das ist unser erster gemeinsamer Valentinstag ...
Oder kann es sein ...
... dass es mit Absicht war ...
... damit ich dir eine Lektion erteile?
Nein, ganz sicher n...!
...!

Sie werden mit der Mailbox verbunden …
Hä?!
Er geht auch nicht ans Telefon?
Keine Antwort …
… und nirgendwo eine Spur von ihm …!
Vielleicht haben wir uns nur verpasst …?
Am besten, ich geh noch mal zurück …
Er … wird doch nicht wieder sein Gedächtnis verloren haben?!
POCH
Nein! Auf keinen Fall!
SCHÜTTEL SCHÜTTEL
Er hat gesagt, das wäre vorbei!

Ich wünschte, ich könnte ruhig bleiben, selbst wenn er sich mal nicht meldet ...
Für ihn ist meine ständige Panik sicher auch anstrengend ...
Ich bin ja keine Stalkerin ...
... aber einen Anruf mache ich noch!
TIPP
Bleib hier, Nanase ...!
Äh ...
Oh ...!
Kentaro ...!!
Yuka ...!
Was machst du hier bei den Jungenklassen ...?
Äh ... Na ja ...
Ich dachte, ich hätte vielleicht am falschen Treffpunkt gewartet.
Deshalb war ich etwas besorgt ...

Mist, ich hab deine Anrufe gar nicht bemerkt ...
Sorry, ich hab verpasst dir zu sagen, dass ich mich verspäte ...!
Schon gut, macht nichts!
Aber es klang so, als hättest du dich gerade gestritten ...
Das war nicht wichtig.
Komm, lass uns gehen!
O... Okay!

Aber ...
... das war doch dieser Ishii ...
... mit dem er geredet hat ...
»Wenn die Personenzahl beim Gokon nicht aufgeht, geht's doch gar nicht erst los.«
»Nanase ist berühmt dafür, dass er für Geld fast alles macht ...!«

Yuka ...? Was ist mit dir ...?

Hast du ... wieder einen Gokon-Job ...
... ange-nommen ... oder so?
Ich wünschte, er würde damit aufhören.
POCH
Aber ich kann es ihm nicht verbieten.
POCH
Womöglich ist er immer noch auf so was angewiesen, um etwas Geld zu verdienen.
POCH
Warum sollte ich ...?
Ich hab doch jetzt eine Freundin.
STUPS
Wie könnte ich da solche Jobs an-nehmen?

Die Sachen, die er mir anbietet ..
... sind sowieso nicht ganz sauber.
Ich hab ihm gesagt, er soll mich künftig mit so was in Ruhe lassen.
E...
Ein Glück ...!

Der Sack kriegt Schokolade zum Valentinstag ...!
Ich dreh durch!
Stirb!
Schmust mit seiner Freundin extra vorm Gebäude der Jungs rum ...!
Stirb!
Yuka ...?
Lass uns woandershin gehen, ja ...?
Nun ja ...
... ähm ...
Schülerrat
... heute ist Valentinstag, also ...
... b... bitte sehr ...!
Oh ... äh ...
Vielen Dank!
POCH
POCH
Oh Gott, ich bin plötzlich so unsicher ...!
Ob er sich über etwas Selbstgemachtes überhaupt freut ...?!
POCH
POCH
Darf ...
HEB
... ich's gleich aufmachen?
Weißt du ...!
ZUDRÜCK

Ich dachte, du magst das hier vielleicht lieber als Schokolade!
Falls ich danebenliege, tut es mir leid!
Pff
Keine Sorge.
Es ist keine Schokolade? Jetzt bin ich aber neugierig ...
HEB
Ähm ...!
Vermutlich schmeckt er auch nicht besonders ...!
ZUDRÜCK
PFFFT
K...
Kentaro ...?
Hi hi hi
Sorry ...
... aber warum bist du denn so nervös ...?
Du bist wirklich süß.

S... SÜß?!
Guck mich doch mal an ...!
Oh ...
Ist das etwa ...
... Käse-kuchen ...?
Ich fass es nicht ...!
Den mag ich am liebs-ten!!

Juchu! Dann bin ich erleichtert ...!
Als wir im Aquarium gegessen haben ...
... hatte ich so einen Verdacht ...
»Das Eis sieht lecker aus! Da ist angeblich Käsekuchen mit drin!«
Oh ... Aber der schmeckt ganz gewöhnlich, also erwarte lieber nicht zu viel, ja?
...!

Dieser Valentinstag ist einfach unglaublich ...!
Du hast es nämlich geschafft ...

... dass ich dich jetzt noch viel mehr liebe als vorher ...

Dein Käse-
kuchen war
total lecker ...
Wirklich?!
Dann backe
ich ihn noch
mal ...!
Ich freu
mich
schon
drauf.
Ist das
da drüben
Nanase
...?
Seit wann
kann der
denn so ein
Gesicht
machen?

Angeblich hat er auch keine Anfälle von Gedächtnisverlust mehr ...
Nee, echt jetzt?! Wie öde!
Dabei mochte ich seinen leeren Blick so gern.
Aber wartet's nur ab. Ich werde schon dafür sorgen, dass er im Handumdrehen wieder der Alte ist.
ATEMLOSE LIEBE 3 / ENDE

Tausend Dank an: ♥

Chiyuki Muneda
Yuka Sugawara
Mika Yamakawa
Rieko Hagiwara
Kyoko Yamada
Erika Wada

Meine gegenwärtige Redakteurin Frau Iinuma
Meine ehemalige Redakteurin Frau Seki
Kaori Kuroki (Grafik und Design)

Die Redaktion von Sho-Comi

Meine Eltern und meine Familie

Alle, die beim Verkauf mitgewirkt haben

✧✧ Meine Leserinnen ✧✧✧

✿ Ich bin auch auf Twitter! ☺
@minami_kanan_

Beim nächsten Mal wird es vermutlich ziemlich turbulent. Ich hoffe, wir sehen uns in Band 4! ✧✧
See you! ♥♥

Autorenkommentar

Da auf den Covern der ersten beiden Bände Blasen abgebildet waren, haben sich einige von euch offenbar schon gefragt, welche Farben die Blasen wohl dieses Mal haben werden. Bei Band 3 habe ich mich jedoch für Kristalle entschieden, die ebenfalls transparent sind. Aber es gab noch einen weiteren Grund: Im Flachland der Kanto-Region* bleibt bekanntlich nur selten Schnee liegen, doch diesen Winter hatten wir sogar über 30 Zentimeter! Ich habe in meinem Leben noch nie so viel Schnee geschippt. Diese Plackerei hat bei mir einen ziemlichen Eindruck hinterlassen, was vielleicht ebenfalls dazu geführt hat, dass ich spontan an (Schnee-)Kristalle denken musste. (*Lach*)

*Gebiet um Tokyo

TOKYOPOP GmbH
Hamburg

TOKYOPOP
1. Auflage, 2018
Deutsche Ausgabe/German Edition

Aus dem Japanischen von Anne Klink

AWA-KOI 3 by Kanan MINAMI

Original Japanese edition published by SHOGAKUKAN.
German translation rights arranged with SHOGAKUKAN
through The Kashima Agency.

Redaktion: Lisa Duty
Lettering: Vibrant Publishing Studio
Herstellung: Shujun Wong
Druck und buchbinderische Verarbeitung:
CPI–Clausen & Bosse GmbH, Leck
Printed in Germany

ISBN 978-3-8420-4903-1

www.tokyopop.de